KB095655

30분에 읽는 하버드 비즈니스 바이블

지식창조 비즈니스

30분에 읽는 하버드 비즈니스 바이블

지식창조 비즈니스

창조적 기업을 만들기 위한 지식경영 전략

초판 발행 2019년 7월 1일
발행처 유엑스리뷰 | 발행인 현명기 | 지은이 노나카 이쿠지로 |
옮긴이 이지애 | 주소 부산시 해운대구 센텀동로 25, 104동 804호 | 팩스 070.8224.4322 |
등록번호 제333-2015-000017호 | 이메일 uxreviewkorea@gmail.com
ISBN 979-11-88314-20-1
시리즈 ISBN 979-11-88314-19-5

The KNOWLEDGE-CREATING COMPANY by Ikujiro Nonaka

지식창조 비즈니스

THE KNOWLEDGE-CREATING COMPANY

창조적 기업을 만들기 위한 지식경영 전략

노나카 이쿠지로 지음
이지애 옮김

유엑스 리뷰

〈하버드 비즈니스 리뷰〉는 1922년 창간 이후 경영 방식에 놀라운 변화를 일으킨 수많은 아이디어의 주요 원천이 되어 왔으며, 그중 대다수가 오늘날까지 언급되며 경제와 경영 전반에 걸쳐 영향을 주고 있다. 그리고 이제는 이 시리즈가 발간되어 그 중요한 글들이 여러분의 서재에 오래도록 남을 수 있게 되었다. 이 시리즈는 발간될 때마다 최고의 실행 전략을 만들어내고 전 세계의 셀 수 없이 많은 경영자들에게 영감을 불어넣어 주었으며, 오늘날 여러분이 비즈니스에 대해 생각하는 방식을 바꿔놓을 놀라운 아이디어를 전하고 있다.

차례

옮긴이 서문

이 책은 일본을 대표하는 경영학자이자 히토쓰바시대 교수인 노나카 이쿠지로가 직접 창안한 '지식창조기업'의 개념과 그것을 위한 핵심적 경영 방안을 위주로 하고 있어 지식 기반 사업과 지식의 관리에 대해서 관심을 가진 모든 독자들에게 유익할 것이다. 저자는 지식경영을 체계적이고 논리적으로 서술하며 일본기업들의 사례를 통해서 이러한 과정을 자세히 설명할 뿐 아니라 효과적인 지식 창출을 위한 실용적인 방안까지 제시한다.

지식창조라는 개념의 기본 아이디어는 현대 경영학의 아버지라고 불리는 피터 드러커 교수의 저서에서 발견된다. 더 거슬러 올라가 보면 '우리는 말로 하는 것보다 더 많이 알고 있다'고 말한 철학자 마이클 폴라니로부터 유래한다. '말로 하는 것'과 '알고 있는 것'의 차이가 암묵적 지식이며 이것이 바로 지식창조기업의 핵심이다. 저자는 일본기업이 버블 경제 이후에도 경쟁력을 유지하고 있는 것에 대해 지식창조라는 관점에서 일본기업의 강점을 설명하고 있다. 지식은 형태를 바꾸어가면서 계속해서 새로운 지식으로 창출되고 이렇게 창출된 새로운 콘셉트는 정당화되어 프로토타입으로 만들어지고 점진적으로 확산된다.

이 책의 강점은 체계적이고 논리적이라는 데 있다. 하지만 저자는 지식창조와 지식경영의 이론만으로 그치지 않는다. 또 지식창조와 지식경영에 대한 통합적이고 보편타당한 이론을 제시하는 동시에 현실적인 면에서의 활용과 적용에

관해서도 알기 쉽게 설명하고 있다. 그리고 이를 위해서 실제 기업 현장에서의 다양한 실제 사례를 지식창조의 관점에 맞추어 서술한다.

많은 사람들이 기업 경영에 있어 지식 관리의 중요성에 대해 이야기한다. 그럼에도 불구하고 업무 현장에서 효율적으로 지식을 관리하며 성과로 이어지기는 매우 힘들다. 지식의 진정한 속성한 속성에 대한 정의와 올바른 활용법을 제대로 이해하지 못하기 때문이다. 사람들은 보통 지식경영이 구체적으로 기업에 어떤 가치를 가져다주는지 의문을 품는다. 지식경영에 관심을 가진 사람이라면 누구나 가졌을 물음이다.

지식경영의 모호함과 혼돈은 지식경영의 입

문에 있어 걸림돌로 다가온다. 그러나 저자는 모호성과 창조적 혼란이야말로 지식창조의 필수적인 요소라고 말한다. 애매함과 혼란을 수용할 수 있을 때만이 창조가 가능해진다.

저자가 설명하는 지식창조의 과정은 매우 역동적이다. 지식의 창조뿐만 아니라 지식의 공유나 확산, 활용도 마찬가지다. 그러나 지식경영을 실천함에 있어서 이 부분은 쉽게 간과될 수 있다. 기존의 경영학자들에게 있어 정보는 안정적이고 고정적인 것으로 여겨져 왔다. 이런 편견은 지식경영의 역동적인 면을 소홀히 하게 된다.

개인에서 시작된 지식창조는 개인을 넘어 전체 조직으로 확산 가능하며 저자는 이를 나선형 지식이라는 용어로 상세히 설명하고 있다. 이러한 지식 확산의 개념과 과정을 잘 이해한다면 지식창조와 지식경영의 역동성에 대해서도 쉽게 납득할 수 있을 것이다. 그리고 머리로만 알고 있던 지식창조가 실제 업무에서 어떻게 활용되는지도 생생하게 느껴질 것이다.

이 책을 번역하며 처음에는 다소 생소할 수 있는 지식창조기업의 전략을 접하며 지식경영에 대한 지식과 함께 사고의 확장도 경험할 수 있었다. 저자가 풀어나가는 이 독특한 이론은 꼭 기업의 관리자나 최고 경영자가 아니더라도 틀에 박힌 일상에서 간과해온 잠재성을 발견하고자 하는 독자라면 누구에게나 친절하고 유익한 지침이 될 수 있을 것이다.

들어가며

불확실한 경제 체제 하에서 경쟁 우위를 지속시키는 단 하나의 확실한 원천은 지식이다. 시장이 변하고 기술과 경쟁자는 급증하며 제품이 하룻밤 사이에 쓸모없는 것이 될 때, 성공하는 기업은 지속적으로 새로운 지식을 창출하여 조직 전반에 전파하며 신속하게 신기술과 신상품으로 구현한다. 바로 이러한 활동들이 '지식창조' 기업을 규정한다. 지식창조 기업의 독점적인 업무는 지속적인 혁신이다. 그러나 온통 '지능'과 '지적 자산'에 대한 이야기가 넘쳐나는데도 정작 경영 방법커녕 지식창조기업의 진정한 본질을 파악하는 관리자도 드물다. 지식의 정의와 어떤 기업이 지식이 필요한지에 대해 오해하고 있기 때문이다.

프레더릭 테일러(Frederick Taylor, 1856~1915년, 미국의 경영학자)부터 허버트 사이먼(Herbert Simon, 1916년~2001년, 미국의 행정학자 겸 경제학자)에 이르기까지 깊게 뿌리 내린 서구의 경영방식은 기업을 '정보 처리'하는 기계로 보는 관점이다. 이 관점에 따르면 유용한 지식이란 오직 공식적이고 체계적이며 가시적으로 수량화할 수 있는 데이터 및 성문화된 절차, 보편적 원칙뿐이다. 그리고 새로운 지식의 가치를 평가하는 주요한 평가 기준 역시 가시적이고 수량화할 수 있는 것들로 효율성 증가, 비용 절감 및 투자 수익률 개선 등이 해당된다.

그런데 지식과 기업 업무에서 지식의 역할에 대한 또 다른 사고방식이 나타났다. 이것은 혼다

(Honda), 캐논(Canon), 마쓰시타(Matsushita), NEC, 샤프(Sharp), 카오(Kao)와 같이 크게 성공한 일본의 경쟁업체 대부분에서 발견할 수 있다. 이들 기업은 고객에 대한 신속한 대응과 새로운 시장 창출, 재빠른 신제품 개발 및 최신 기술 장악 능력으로 명성을 얻었다. 그 성공 비결은 바로 새로운 지식의 창출에 대한 그들만의 고유한 접근법에 있었다. 그러나 서구 관리자들은 일본의 접근법을 특이하거나 이해 불가한 것으로 본다.

다음의 사례들을 살펴보자.

- 중요한 신차의 디자인 이념으로 '자동차 진화 이론'이라는 슬로건을 내세우면 어떨까? 이 문구는 혼다의 혁신적인 도시형 차인 혼다 시

티의 개발로 이어졌다.

- 맥주 캔은 개인형 복사기 개발과 어떤 연관이 있는가? 바로 이 연관성이 캐논의 혁명적 제품인 소형 복사기를 디자인하는 데 근본적인 돌파구가 됐다. 소형 복사기는 개인형 복사기 시장을 창출했으며 그 결과 캐논은 진한 카메라 사업에서 수익률이 높은 사무 자동화 분야로 성공적으로 전환했다.

- '광전자 공학' 같은 신조어가 기업의 제품 개발 공학자에게 어떠한 구체적인 방향을 제시할 수 있을까? 실제로 샤프는 이러한 기치를 내세워 신기술과 시장을 규정하는 '최초의 제품' 개발로 명성을 얻으며 컬러 TV 산업부터

LCD 및 맞춤형 집적회로 분야에 걸쳐 주요한 선두기업이 될 수 있었다.

서구의 관리자에게는 그저 우스꽝스러운 수수께끼처럼 들리는 각 사례의 슬로건들은—광고 문구에는 어울릴지 몰라도 회사의 운영에는 걸맞지 않는—새로운 지식을 창조하는 데 대단히 효과적인 도구가 되었다. 각 기업의 관리자들은 이 슬로건을 통해 예상치 못한 혁신의 우수성을 발견했으며 이를 회사와 직원 및 고객의 이익으로 연결시켰다.

일본식 접근의 핵심은 단순히 객관적 정보를 '가공'하는 것만으로는 새로운 지식을 창조하는 인식을 얻을 수 없다는 것이다. 그러한 인식은 직원이 암묵적으로 공유하는 고도로 주관적인 통찰력, 직관 및 직감을 이용하여 이를 조직 전반에 걸쳐 시험하고 사용하는 데서 탄생한다. 이 과정의 비결은 직원이 기업 및 사명에 대한 정체성을 가지고 전념하도록 이끄는 것이다.

이러한 전념을 이끌어내어 암묵적 지식을 실제 기술과 제품으로 구현하려면 시장 점유율과 생산성, 투자 수익률 계산 같은 실질적인 수치를 처리하는 것처럼 이미지와 상징—자동차 혁명 이론 같은 슬로건이나 개인형 복사기와 맥주 캔의 유사성, '광전자 공학' 과의 비유 등—을 다룰 수 있는 관리자가 필요하다.

많은 일본 회사가 지식에 대한 전체론적인

접근 또한 근본적인 통찰을 기반으로 한다. 일본에서 기업은 기계가 아닌 살아 있는 유기체다. 개인과 마찬가지로 기업 역시 집단적인 정체성과 근본적인 목적을 갖는다. 이것은 조직의 자기이해, 즉 기업이 지지하는 것은 무엇이고 목표는 무엇이며 기업이 꿈꾸는 세상은 무엇인지, 또 가장 중요한 요소인 현실화 방법은 무엇인지에 대한 공통적인 이해가 있다는 의미다. 이러한 관점에서 지식창조기업은 아이디어 뿐 아니라 이상과도 큰 관계가 있다. 바로 이 점이 혁신의 연료가 된다.

혁신의 본질은 특정한 비전이나 이상에 따라 세상을 재창조 하는 것이다. 새로운 지식을 만든다는 것은 말 그대로 기업과 직원이 끊임없이 개인적, 조직적인 자기 재생 과정을 통해 재창조하는 것이다. 지식창조 기업에서 새로운 지식을 만드는 것은 연구개발 또는 마케팅, 기획부서 같은 특정 영역에서만 하는 특별한 활동이 아니다. 지식창조 기업에서는 모두가 지식 일꾼이며 그것이 행동 방식이자 삶의 방식이다. 즉 전 직원이 기업가가 되는 것이다.

일본 기업이 이러한 지속적인 혁신과 자기 재생에 특히 뛰어난 데는 복합적인 이유가 있지만 관리자들을 위한 핵심적 교훈은 매우 단순하다. 세계적으로 많은 제조업자들이 일본의 제조 기법을 배우듯이 지식을 겨루고자 하는 기업은 반드시 일본의 지식창조 기법을 배워야 한다.

다음에서 소개하는 일본 기업의 경험은 지식창조 기업에서 관리자의 역할과 책임, 조직 설계, 그리고 사업 관행에 대한 신선한 사고방식을 제시한다. 지식창조가 이루어지는 그곳, 즉 기업의 인적 자원 전략의 한 중심에 지식창조를 투입하는 접근법이다.

나선형 지식

새로운 지식은 언제나 개인에 의해 시작된다. 훌륭한 연구자는 새로운 특허를 이끌어내는 통찰력이 있고 중간 관리자의 시장 트렌드에 대한 직관은 중요한 신제품 콘셉트(concept, 개념)를 위한 기폭제가 된다. 상점의 종업원이 수년간에 경험에 의해 새로운 절차적 혁신을 만들어 내기도 한다. 각 사례에서 한 개인의 사적 지식이 기업의 전반적인 가치가 되는 조직 지식으로 변모했다.

사적 지식을 다른 이들이 이용할 수 있도록 만드는 것이 지식창조기업의 중심적인 활동이다. 이것은 조직의 모든 단계에서 지속적으로 일어난다. 다음 사례에서 소개하듯이 이것은 예상 밖의 모습으로 발생하기도 한다.

1985년, 오사카에 위치한 마쓰시타 전기산업 주식회사는 새로운 가정용 제빵기 개발에 열을 올리고 있었는데 밀가루 반죽이 제대로 되지 않아 어려움을 겪었다. 여러 시도를 했음에도 속은 거의 익지 않는 반면, 빵 껍질은 지나치게 구워지기 일쑤였다. 직원들은 철저하게 문제를 분석했다. 심지어 전문 제빵사가 반죽한 밀가루와 회사의 기계로 만든 반죽을

X 레이로 비교하기까지 했다. 그러나 의미 있는 정보는 얻을 수 없었다.

그러던 중 소프트웨어 개발자인 이쿠코 타나카(Ikuko Tanaka)가 창의적인 해결책을 제안한다. 오사카 인터내셔널 호텔은 오사카에서 가장 맛있는 빵을 만들기로 유명했는데 타나카는 이곳을 모델로 삼기로 했다. 그녀는 호텔 수석 제빵사의 반죽 기법을 연구하기 위해 제빵사에게 훈련을 받기로 결심했다.

그녀는 제빵사가 독특한 방식으로 반죽을 펴는 모습을 발견했다. 수년 동안의 시행착오를 거치며 제빵기 사업의 엔지니어와 밀착해서 일 한 끝에 타나카는 호텔 제빵사의 반죽 기법과 호텔에서 그녀가 배운 빵의 맛을 성공적으로 재현하는 제품의 규격에

도달할 수 있었다. 여기에는 기계 안에 부착된 특별한 갈빗대 모형이 포함됐다. 그 결과, 마쓰시타의 고유한 '반죽 비틀기' 기법과 제품은 그 첫해에 새로운 주방용품 판매 기록을 세우게 됐다.

이쿠코 타나카의 혁신은 매우 다른 두 가지 양식의 지식 사이의 활동을 설명한다. 이 활동의 종점이 '명시적' 지식으로 바로 제빵기의 제품 규격에 해당한다.

명시적 지식은 공식적이고 조직적이다. 그렇기 때문에 명시적 지식은 제품 규격이나 과학적 공식, 컴퓨터 프로그램을 통해 쉽게 소통하고 공유할 수 있다.

그러나 타나카의 혁신은 쉽게 표현하기 어려운 또 다른 종류의 지식에서 출발했다. 즉, '암묵적' 지식으로 이것은 오사카 인터내셔널 호텔의 수석 제빵사의 지식 같은 것이다. 암묵적 지식은 매우 개인적으로 공식화하기 어렵고 따라서 다른 이들과 소통하기가 힘들다. 철학자 마이클 폴라니의 말로 얘기하자면, '우리는 말하는 것보다 더 많이 알고 있다.' 또한, 암묵적 지식은 기교나 전문직, 특정한 기법이나 상품 시장, 그룹이나 팀 작업의 활동 같은 구체적인 맥락에 대한 개인의 전념에 깊게 뿌리를 두고 있다.

암묵적 지식의 일부는 '노하우'라는 말로 축약된 비공식적이고 정확히 파악하기 어려운 기술력으로 이뤄져 있다. 숙련된 장인은 수년 동안 경험을 쌓은 후 '손끝에서 나오는' 풍부한 전문지식을 심화한다. 그러나 그는 자신이 아는 것 이상의 과학적이고 기술적인 원칙을 명확히 표현하는 데는 어려움을 느낀다.

이에 더하여 암묵적 지식에는 중요한 인지 차원이 있다. 인지 차원은 정신적 모델과 신념, 관점으로 구성돼 있다. 이것들은 매우 깊이 몸에 배어 있어서 사람들은 당연한 것으로 여기며 쉽게 표현하기 힘들어한다. 바로 이러한 이유로 함축적 모델은 우리가 주위의 세상을 깊게 인지할 수 있도록 한다. 암묵적 지식과 명시적 지식의 뚜렷한 차이는 모든 조직에서 지식을 창조하는 네 가지의 기본 유형을 시사한다.

암묵적 지식에서 암묵적 지식으로. 한 개인이 다른 사람과 직접적으로 암묵적 지식을 공유하기도 한다. 예를 들면 이쿠코 타나카가 오사카 인터내셔널 호텔에서 수석 제빵사에게 훈련을 받을 때 그녀는 그의 암묵적 기술을 관찰과 모방, 연습을 통해 학습했다. 이것들은 그녀 자신의 암묵적 지식의 기반이 됐다. 다른 말로 하면 그녀는 기술에 '사회화' 된 것이다.

나름의 효과가 있기는 하나 사회화는 다소 제한적인 형태의 지식창조이다. 훈련으로 장인의 기술을 배울 수 있는 것은 사실이다. 그러나 훈련생이나 장인 모두 체계적인 통찰을 숙련된 지식으로 전환하지는 못한다. 그들의 지식은 명시적이지 않고 따라서 조직 전반에 걸쳐 영향을 미치기는 쉽지 않다.

명시적 지식에서 명시적 지식으로. 한 개인이 별

개의 명시적 지식을 완전히 새로운 지식으로 통합할 수도 있다. 예를 들어 기업의 감사관이 조직을 통틀어 정보를 수집하여 한 장의 재무 보고서로 모두 요약했다고 하자. 그 보고서는 다양한 원천에서 나온 정보들을 통합했다는 점에서 새로운 지식이 될 수 있다. 그러나 이러한 통합은 기존의 지식 기반을 실질적으로 확장하지는 못한다.

반면에 마쓰시타의 사례처럼 암묵적 지식과 명시적 지식이 상호작용을 하면 강력한 일이 발생한다. 암묵적 지식과 명시적 지식 간의 이 교류가 바로 일본 기업이 특히 잘 하는 일이다.

암묵적 지식에서 명시적 지식으로. 이쿠코 타나카가 제빵에 관한 암묵적 지식의 근거를 분명히 밝

힐 수 있었을 때 그녀는 암묵적 지식을 명시적 지식으로 전환하여 개발 작업 팀과 공유할 수 있었다. 또 다른 사례로는 단순히 종래의 재무 계획을 편집하기보다 수년간의 근무로 심화된 암묵적 지식을 기반으로 예산 관리에 대한 혁신적이고 새로운 접근을 펼친 감사관을 들 수 있다.

명시적 지식에서 암묵적 지식으로. 이에 더하여 새로운 명시적 지식이 조직 전반에 걸쳐 공유되면서 다른 직원들이 내면화하기 시작한다. 즉, 직원들은 그들의 암묵적 지식을 넓히고 확장하며 재구성하는 데 명시적 지식을 사용한다. 감독관의 제안은 기업의 재무 관리 시스템을 수정하도록 만든다. 다른 직원들도 이 혁신을 이용하며 결과적으로는 그들의 업무에 필요한 도구 및 자료의 바탕의 일부로 자연스럽게 받아들이게 된다.

지식창조기업에서 네 개의 모든 유형들은 역동적인 상호작용 안에서 일종의 나선형 지식으로 존재한다.

마쓰시타의 이쿠코 타나카를 떠올려 보자.

1. 먼저, 그녀는 오사카 인터내셔널 호텔 제빵사의 암묵적 비법을 학습한다. (사회화).
2. 다음으로 그녀는 이 비법을 팀원 및 마쓰시타의 다른 사람들과 소통할 수 있는 명시적 지식으로 전환한다.
3. 팀은 이 지식을 표준화하여 매뉴얼이나 워크북에 통합한 후 제품으로 구현한다. (조합).
4. 마지막으로 신제품 창조의 경험을 통해 타나

카와 팀원은 자신들의 암묵적 지식 기반을 강화한다. (내면화). 특히 그들은 가정용 제빵기와 같은 제품이 고품질을 제공할 수 있다는 것을 직관적으로 이해하게 된다. 즉, 제빵기가 전문 제빵사가 만드는 것만큼 좋은 빵을 만든다는 것이다.

이것은 나선형 지식을 처음부터 다시 시작하는 것이지만, 이번에는 좀 더 높은 단계에서 시작한다. 가정용 제빵기를 디자인하면서 심화된 고품질에 대한 새로운 암묵적 통찰이 비공식적으로 다른 마쓰시타 직원들에게 전달된다. 그들은 이것을 주방 용품이나 오디오 장치, 혹은 백색 가전 같은 마쓰시타의 다른 신제품에 대한 품질표준공식으로 사용한다. 이런 식으로 조직의 지식 기반은 더욱 넓어진다.

명확한 표현(암묵적 지식을 명시적 지식으로 전환하기)과 내면화(그 명시적 지식을 암묵적 지식 기반의 확대를 위해 사용하기)는 나선형 지식에서 중대한 단계다. 이것들은 모두 자발적인 활발한 참여, 즉 전념을 요구하기 때문이다.

장인 제빵사에게 훈련을 받겠다는 이쿠코 타나카의 결정은 이러한 전념의 한 예이다. 이와 비슷하게, 감사관이 암묵적 지식을 명확히 표현하여 새로운 혁신으로 실체화했을 때 그의 정체성은 보다 직접적으로 나타났다. 그저 종래의 재무 계획표 상의 수치들을 빠르게 처리할 때와는 다르게 말이다.

암묵적 지식은 노하우 뿐만 아니라 정신적 모델과 신념이 포함된다. 따라서 암묵적 지식에서 명시적 지식으로 옮겨가는 것은 세계관 및 세상이 어떠해야 하는지에 대한 자신의 비전을 밝히는 과정이기도 하다.

관리자가 이 점을 파악하면 지식창조기업을 관리하는 적절한 도구는 대부분의 서구 기업에서 찾을 수 있는 것과 매우 다르다는 것을 깨닫게 된다.

비유에서 모델로

암묵적 지식을 명시적 지식으로 전환하는 것은 표현할 수 없는 것을 표현하는 방법을 찾는다는 의미다. 안타깝게도 이를 위한 가장 강력한 관리 도구 역시 자주 간과하는 것들 중에 있다. 바로 직관과 통찰을 명확히 하기 위해 관리자가 끌어낼 수 있는 비유 언어와 상징성이다. 일본 기업에서는 연상적이고 때때로 매우 시적이기까지 한 언어적 특색이 제품의 개발에 있어 특히 두드러진다.

1978년, 혼다의 최고 경영진은 '도박을 해보자(Let's Gamble)'라는 슬로건과 함께 신개념 차의 개발에 착수했다. 이 문구는 혼다의 시빅(Civic)과 어코드(Accord) 모델이 너무 익숙하다는 중역의 의견을 표방한 것이었다. 관리자들 역시 전후 신세대가 자동차 시장에 진입하면서 신세대의 젊은 제품 디자이너들이 좋은 차를 만드는 것에 대한 현대적인 생각을 갖는 나이가 됐음을 깨달았다.

'도박을 해보자'라는 슬로건에서 나온 사업적 결정은 평균 나이 27세의 젊은 엔지니어와 디자이너로 구성된 신제품 개발팀을 꾸리는 것으로 이어졌다. 최고 경영진은 팀에게 단지 두 가지의 지시만을 내렸다. 첫째, 지금까지 회사에 있었던 것과는 근본적으로 전혀 다른 콘셉트의 제품을 내놓을 것, 둘째, 비싸지 않지만 싸구려도 아닌 차를 만들 것이었다.

이 임무는 모호하게 들릴 수 있지만 실제로는 팀에게 매우 분명한 방향을 제공했다. 예를 들면 프로젝트 초기에 일부 팀원은 더 작고 저렴한 혼다 시빅형을 제안했는데 이것은 안전하고 기술적으로도 실현 가능한 선택지였다. 그러나 팀은 이 접근이 임무의 전체 논리와 모순됨을 곧 깨달았다. 유일한 대안은 완전히 새로운 제품의 개발이었다.

프로젝트 팀의 리더인 히루 와타나베(Hiroo Watanabe)는 팀의 야망 찬 도전에 대한 느낌을 표현하는 또 다른 슬로건을 만들었다. 그것은 '자동차 진화 이론(Theory of Automobile Evolution)'이었다. 이 문구는 이상을 나타낸 것이지만 한편으로는 다음과 같은 실질적인 질문을 던졌다. 자동차가 유기체라면 어떻게 진화해야 할 것인가? 팀원들은 와타나베의 슬로건이 의미하는 것을 반박하고 토론하면서 해답에 도출하게 된다. 그것은 '인간을 위한 공간은 최대로, 기계를 위한 공간은 최소로(man-maximum, machine-minimum)'라는 또 다른 슬로건의 모습으로 나타났다. 이것은 이상적인 자동차는 전통적인 인간과 기계의 관계를 뛰어넘어야 한다는 팀의 신념을 담고 있다. 그러나 이것은 와타나베가 '디트로이트의 생존 논리'라고 말한 외관을 위해 안락함을 희생하는 것에 대한 도전을 필요로 했다.

팀이 내세운 '혁명적인' 트렌드는 마침내 구(球)

형태의 차로 실현됐다. 이 차는 길이는 '짧고' 키는 '높은' 모습이었다. 팀원들은 이러한 차는 가볍고 저렴하지만 더 안락하고 기존의 차들보다 견고하리라고 생각했다. 구의 형태는 도로에서 최소한의 공간을 차지하면서 탑승자에게는 최대한의 공간을 제공한다. 이에 더하여 이 모양은 엔진과 다른 기계 시스템이 차지하는 공간을 최소화한다. 이것은 팀이 '톨보이(Tall Boy)'라고 부르는 제품 개념의 탄생을 낳았고 마침내 기업의 특색 있는 도시형 차인 혼다 시티(Honda City)로 이어졌다.

톨 보이 콘셉트는 길고 낮은 세단을 강조하던 그 당시 자동차 디자인의 일반적 통념과는 정반대였다. 그러나 시티의 혁명적인 스타일과 공학기술은 미래를 예견한 것이었다. 시티는 일본 자동차 업계가 '인간을 위한 공간은 최대로, 기계를 위한 공간은 최소로'라는 콘셉트에 기반을 두고 차를 디자인하는 완전히 새로운 접근법을 창시했다. 이것은 지금은 일본에서 상당히 보편화된 '높고 짧은' 차의 신세대를 열었다.

혼다 시티의 사례는 일본 기업이 기업의 모든 직책과 제품 개발의 모든 단계에서 어떻게 비유 언어를 사용하는지 시사한다. 이것은 또 다양한 종류의 비유 언어와 각각의 독특한 역할이 있음을 암시한다.

특히 중요한 비유 언어의 한 종류는 은유다. 여기서 '은유'는 문법적 구조나 비유적 표현만을 뜻하기보다 인식을 위한 독특한 방법이라고 하겠다. 이것은 다양한 맥락과 경험에 기반을 둔 개인들이 분석이나 일반화를 통하지 않고 상상력과 상징을 통해 사물을 직관적으로 이해하는 방법이다

은유를 통해 사람들은 기존의 지식을 새로운 방식으로 통합하고 알고는 있지만 말로 설명 하지 못하는 것들을 표현한다. 이런 식으로 은유는 지식창조의 초기 단계에서 직원들이 창조과정에 바로 전념하도록 촉진하는 데 매우 효과적이다.

은유는 언어 철학자인 맥스 블랙(Max Black)이 '한 구절에 두 콘셉트'라고 적절하게 설명한 바와 같이 두 개의 상이하고 동떨어진 경험 영역을 한 개의 포괄적인 이미지나 상징으로 병합한 것이다. 관련 없어 보이는 두 개 사이에 연관성을 설정할 때 은유는

불일치나 갈등을 초래한다. 은유적 이미지는 여러 의미를 갖는 데 논리적으로 모순되거나 비합리적으로까지 보인다. 그러나 이것은 약점이 되는 것이 아니라 오히려 엄청난 강점이 된다. 은유가 내재한 갈등이 바로 창조과정을 시작하도록 촉진하기 때문이다. 직원들이 은유가 표방하는 통찰을 보다 분명히 정의하려 하면 할수록 그들은 모순되는 의미가 서로 일치하게끔 노력하게 된다. 이것이 바로 암묵적 지식을 명시적 지식으로 만드는 첫 단계이다.

히루 와타나베의 슬로건 '자동차 진화 이론' 사례를 생각해 보자. 모든 훌륭한 은유와 같이 이것은 함께 생각 할 수 없는 두 개의 콘셉트, 즉, 자동차라는 기계와 살아 있는 유기체를 의미하는 진화 이론을 합쳐서 담아냈다. 그러나 이 불일치는 이상적인 차의 특성을 나타내는 제품사양에 있어 유익한 출발점이 되었다.

은유가 지식창조 과정을 촉발하지만 은유만으로는 지식창조를 완성하기에 충분치 않다. 다음 단계는 유추다. 은유는 대부분 직관으로 이뤄지며 처음에는 서로 관련 없어 보이는 이미지들을 연결함으로써 발생된다. 반면 유추는 모순을 조화롭게 하면서 차이를 만드는 좀 더 구조화된 과정이라고 할 수 있다. 다른 말로 하면, 한 구절에 두 콘셉트가 어떤 점이 다르고 같은지 명확하게 밝힘으로써 그 모순이 은유로 통합되고 유추에 의해 조화를 이룬다. 이런 점에서 유추는 순순한 상상과 논리적 사고 사이의 중간 단계이다.

캐논의 혁명적인 소형 복사기 개발이 유추의 가장 좋은 사례가 될 듯하다. 캐논의 디자이너는 최초의 개인 복사기가 성공하기 위해서는 안정성이 있어야 한다는 것을 알았다. 그들은 제품의 안정성 확보를 위해 보수유지 문제의 90%를 차지하는 감광(感光) 복사기 드럼을 일회용으로 만들 것을 제안했다. 그러나 일회용 드럼은 제조가 쉽고 단가가 저렴해야 했다. 한번 쓰고 버리는 드럼은 어떻게 제작하는가? 어느 날, 프로젝트팀의 리더인 히로시 타나카(Hiroshi Tanaka)는 맥주를 마시는 도중에 돌파구를 찾게 된다. 팀원들과 맥주를 마시며 디자인 관련 문제를 논의하는 동안 타나카는 맥주 캔을 하나 집어 들고 질문을 던졌다. '이 캔 하나 만드는 데 비용이 얼마나 들까?'

그 질문에 팀은 알루미늄 맥주 캔 제조 과정이 알루미늄 복사기 드럼 제조 과정에도 동일하게 적용될 수 있을지 파악해 보기 시작했다. 드럼과 맥주 캔이 어떤 점에서 실제로 비슷하고 다른지 탐색함으로써 소형 복사기 개발팀은 상당히 낮은 가격으로 알루미늄 복사기 드럼을 제조하는 기술 과정을 알아낼 수 있었다. 끝으로, 지식창조의 마지막 단계는 실제 모델을 창조하는 일이다.

모델은 은유나 유추보다 훨씬 즉각적으로 생각해 낼 수 있는 것이다. 모델에서는 모순이 해결되고 콘셉트가 일관적이고 체계적인 논리를 통해 전환 가능한 것이 된다. 마쓰시타는 오사카 인터내셔널 호텔의 빵에 대한 양질의 품질기준으로 인하여 올바른 가정용 제빵기의 제품 규격을 개발 할 수 있었다. 혼다는 구형의 이미지로 톨 보이 라는 제품 콘셉트에 이를 수 있었다.

물론, '은유', '유추', '모델' 같은 용어는 모두 이상형이다. 현실에서 이 용어들은 서로 구별하기 어렵다. 같은 어구나 이미지가 세 용어 중 한 가지 이상을 의미하기도 한다. 그러나 이 세 용어는 기업이 암묵적 지식을 명시적 지식으로 전환하는 과정을 담고 있다. 첫째, 모순되는 사물과 생각을 은유를 통해 연결한 다음 모순을 유추를 통해 해결하며 마지막으로 창조된 콘셉트를 확고하게 하여 기업 내 모두가 이용 가능한 지식이 되는 모델로 구현한다.

혼돈에서 콘셉트로:
지식창조기업 관리하기

지식창조가 암묵적 지식을 은유, 유추 및 모델을 이용하여 명시적으로 만드는 과정임을 이해하는 것은 기업이 조직을 어떻게 설계하고 조직 내 관리자의 역할과 책임을 정의하는지와 직접적인 관련이 있다. 이것이 기업의 비전을 혁신적인 기술과 제품으로 전환하는 지식창조 기업의 방식과 구조, 실행이다.

저자가 연구한 일본 기업의 조직 설계에 대한 근본적인 원칙은 중복, 즉 기업 정보를 의식적으로 겹치게 하는 일이다. 서구의 관리자들에게 중복은 불필요한 반복이자 낭비로 그다지 매력적인 것으로 보이지 않는다. 그러나 지식창조기업을 관리하는 첫 번째 단계는 반복하는 조직을 설계하는 것이다. 관리자는 직원들로 하여금 당연한 것으로 보이는 것들을 재검토하도록 장려해야 한다.

중복은 빈번한 대화와 소통을 장려하기 때문에 중요하다. 이것은 직원들 사이에 '공통의 인지적 배경'을 만들어서 암묵적 지식으로 전달되도록 촉진한다. 조직의 일원들은 겹치는 정보들을 공유하기 때문에 상대가 무슨 얘기를 하려고 하는지 감을 잡을 수 있다. 또한 중복은 조직 전반에 새로운 명시적 지식을 전파하여 직원들 사이에서 내면화되도록 한다.

중복에 대한 조직상의 논리는 왜 일본 기업이 제품 개발을 다양한 영역의 작업이 공동의 작업영역에서 기능상 함께 진행되는 중복 과정으로 관리하는지를 설명한다.

캐논에서 중복적인 제품 개발은 한 단계 더 나아간다. 회사는 제품 개발팀을 '내부 경쟁 원칙'에 따라 조직한다.

팀은 같은 프로젝트에 대해 다양한 접근을 펼치는 경쟁 그룹으로 나누어지고 팀원들은 각 제안을 두고 장점과 단점에 대해 토론한다. 이것은 팀이 프로젝트를 여러 관점에서 볼 수 있도록 한다. 리더의 지도하에 팀은 마침내 '최고'의 접근법에 대해 집단적 이해를 심화한다.

한편으로 이러한 내부 경쟁은 낭비일 수 있다. 왜 한 집단 이상의 직원들이 동일한 제품의 개발을 추구해야 하는가? 그러나 책임을 공유하면 정보가 급증하고 콘셉트(개념)를 창조하며 보강하는 조직의 능력은 강화될 수 있다.

캐논의 사례를 보자. 소형 복사기의 저렴한 일회용 드럼을 만든 것은 제품의 소형화, 중량 감소, 자동화 장비를 촉진하는 신기술로 이어졌다. 이 기술은 마이크로필름 판독기, 레이저 프린터, 워드 프로세서, 타자기 같은 다른 사무 자동화 제품들로 빠르게 적용됐다. 이것은 캐논이 카메라에서 사무 자동화로 선택을 다양화하고 레이저 프린터 업계의 경쟁 우위를 확보하는 중요한 요소가 된다. 소형 복사기를 도입한지 5년 후인 1987년, 캐논의 전체 74%의 수익은 사무 기계 부서에서 나오게 되었다.

중복의 또 다른 방법은 제품 연구나 마케팅 부서와 같이 상이한 기술 및 기능 영역 간의 전략적인 순환이다. 순환은 직원들이 사업을 여러 관점에서 이해하도록 돕는다. 이것은 조직 지식을 더욱 유동적으로 하며 쉽게 실행할 수 있게 한다. 일본의 선도적인 소비재 제조회사인 주식회사 카오에서는 연구자들이 종종 40대가 되면 연구부서에서 '은퇴'하고 마케팅이나 판매, 생산 부서로 이동한다.

모든 직원들은 정해진 10년 안에 최소한 세 개의

다른 업무를 해야 한다. 기업 정보에 대한 자유로운 접근 역시 중복하기에 좋다. 정보의 차이가 있을 경우, 조직의 일원은 동등한 용어로 교류할 수 없고 이로 말미암아 신지식을 다양하게 해석하기가 어려워진다. 이런 이유로 카오의 최고 경영진은 직원 간의 정보 접근에 대한 모든 차별을 금지한다. 개인 정보를 제외한 기업의 모든 정보는 한 개의 통합 데이터베이스에 저장되고 직위에 관계없이 모든 직원들에게 개방된다.

이 사례가 제시하듯이, 지식창조기업에서는 한 개의 부서나 전문가 집단이 독점적으로 신지식의 창조를 책임지지 않는다. 임직원이나 중간 관리자, 일선 직원들 모두가 역할을 담당한다. 그러나 개인적 기여의 가치는 개인이 전체 지식창조 시스템에 부여

한 정보의 중대함에 비해 그가 속한 조직의 위계 상 위치에 따라 적게 평가되기도 한다.

그렇다고 해서 지식창조 기업에서 역할과 책임 사이에 차이가 없다는 것은 아니다. 사실, 신지식을 창조하는 것은 세 역할 간 역동적인 교류의 산물이다. 일선 직원들은 특정한 기술이나 제품, 시장의 세부업무에 전념한다. 그들보다 사업적 현실에 대해 더 잘 아는 전문가는 없다. 그러나 직원들은 매우 구체적인 정보가 넘칠 정도로 많지만 정보들을 유용한 지식으로 전환하는 것은 대단히 어려워한다.

우선 첫째로, 시장의 신호가 모호하고 이중적이거나 자신들만의 좁은 관점에 사로잡혀 큰 맥락에서 보는 것을 놓칠 수 있다.

더구나 직원들이 의미 있는 생각과 통찰을 전개한다 해도 그 정보의 중요성을 다른 이와 소통하는 것은 여전히 어려울 수 있다, 사람들은 신지식을 그저 수동적으로 받아들이지 않고 각자의 상황과 관점에 맞춰 적극적으로 해석한다. 그렇기 때문에 한 맥락에서는 이치에 맞더라도 다른 맥락의 사람들과 소통할 때는 의미가 변하거나 소실되기까지 한다. 그 결과 신지식이 조직 안에서 퍼져나가는 동안 의미의 전환이 계속해서 발생한다.

모든 조직에서 발생하는 부득이한 의미의 불일치에 따른 혼란은 문제가 되는 것으로 보인다. 그러나 실제로는 기업이 관리하는 방법을 안다면 신지식에 대한 풍부한 원천이 될 수 있다. 그 비결은 직원들로 하여금 당연하게 여기는 것들을 재검토하도록 지속적으로 격려하는 것이다. 이러한 심사숙고는 지식창조기업에서 언제나 필요한 것으로 기업의 종래의 지식범주가 더 이상 효력이 없어지는 위기나 실패의 상황에서는 특히 필수불가결하다.

이러한 때 다의성은 대안적 의미나 신선한 사고방식, 새로운 방향감각의 원천으로 매우 유용할 수 있다. 이런 점에서 신지식은 혼돈 속에서 탄생한다. 지식창조기업의 관리자가 하는 주요 업무는 이 혼돈을 의미 있는 지식창조의 방향으로 이끄는 것이다. 관리자는 직원이 자신의 경험을 이해할 수 있도록 콘셉트의 골격을 제공함으로써 이것을 가능하게 한다. 이것은 기업의 중역과 팀의 중간 관리자 단계에서 발생한다.

중역은 직원의 지식창조 활동을 방향 잡는 은유와 상징, 그리고 콘셉트를 명확히 함으로써 기업의 미래에 대한 의견을 제시한다. 그들은 다음과 같은 질문을 던진다. 우리는 무엇을 배워야 하는가? 우리는 무엇을 알아야 하는가? 우리는 어디로 가야 하는가? 우리는 누구인가? 일선 직원의 업무가 '무엇'을 아는 것이라면 중역의 업무는 '해야 하는 것'을 아는 것이다. 혼다의 선임 연구원인 히로시 혼마(Hiroshi Honma)의 말을 빌리자면 '중역은 이상을 좇는 로맨티스트'다.

저자가 연구한 일부 일본 기업에서 최고 경영자들은 이 역할을 기업의 '콘셉트 우산(conceptual umbrella)'을을 명확히 밝히는 그들의 책임과 관련해서 말한다. 콘셉트 우산은 일종의 대(大) 개념으로 외

견상 이질적인 활동이나 사업을 전체적인 논리로 연결하는 공통점을 파악하는 매우 보편적이며 추상적인 용어다. 샤프의 광전자공학에 대한 전념이 바로 그 좋은 예다.

1973년, 샤프는 두 개의 핵심 기술인 액정화면(LCDs)과 상보형 금속산화 반도체(CMOSs)를 결합하여 최초의 저전력 전자계산기를 발명했다. 기업의 기술자는 광학기술이 들어간 초소형 전자공학의 의미를 설명하기 위해 '광전자공학'이란 용어를 만든다. 그런 다음 중역이 그 용어를 채택해서 기업의 연구부서와 공학 부서를 훨씬 넘어서까지 그 파급력을 확대한다.

광전자 공학은 샤프가 꿈꾸는 세상의 이미지를

표상한다. 이것은 기업이 되어야 하는 것을 명확히 밝히는 핵심 콘셉트 중 하나이다. 이런 식으로 광전자 공학은 기업의 전략적 개발에 있어 대단히 중요한 지침이 된다. 이러한 지침 아래 샤프는 기존의 계산기 산업에서 LCD와 반도체 기술을 기반으로 한 광대한 영역의 제품들을 주도하는 기업이 됐다. 이러한 제품들은 마스크 롬, ASICs 같은 주문형 반도체 및 CCDs (빛을 전자 신호로 바꾸는 전하[電荷] 결합 소자[素子]) 뿐 아니라 전자수첩, LCD 투사 장치도 포함된다.

다른 일본 기업들도 이와 유사한 우산 콘셉트가 있다. NEC의 최고 경영진은 기업의 지식 기반을 몇 개의 핵심 기술 면에서 범주화한 다음 컴퓨터와 커뮤니케이션을 의미하는 은유 "C&C"로 전개했다. 카오의 우산 콘셉트는 '수면의 활발한 과학'으로 자재의 표면을 코팅하는 기술을 의미한다. 이 구절은 기업의 비누 세정제에서 화장품, 플로피 디스크로 제품 범위의 다양화로 이끌었다. 이 제품들은 모두 카오의 핵심 지식을 기반으로 하여 파생된 것이다.

최고 경영진이 직원에게 방향을 제공하는 또 다른 방법은 조직의 일원들이 지속적으로 심화한 지식의 가치를 정당화하는 기준을 마련하는 것이다. 어떤 노력을 지지하고 심화할지 결정하는 것은 매우 전략적인 업무다.

대부분의 기업에서 신지식의 가치를 평가하는 궁극적인 테스트는 효율성의 증가, 낮은 비용, 개선된 투자이익 같은 경제성이다. 그러나 지식창조

기업은 질적인 요인 역시 중요하다. 그 생각이 기업의 비전을 담고 있는가? 최고 경영진의 포부와 전략적 목표를 표방하는가? 기업의 조직적 지식망(organizational knowledge network)을 형성할 잠재력이 있는가?

회전식 엔진 개발을 추구한 마쓰다(Mazda)의 결정은 이 질적인 정당화에 대한 전형적인 예다. 1974년, 엔진 연구를 하던 제품 개발팀은 기업 내에서 프로젝트를 중단하라는 심한 압박을 받고 있었다. 회전식 엔진은 연료 소모가 많다며 비평가들의 불만이 심해서 시장에서는 결코 성공하지 못할 판이었다. 그러나 개발 팀장이자 마쓰다의 현재 사장인 켄이치 야마모토(Kenichi Yamamoto)는 프로젝트의 중단은 기업이 열망하던 연소기관의 대변혁을 포기하는 것이라 주장했다.

'이런 식으로 생각해 보자' 야마모토는 제안했다. '우리는 역사를 만들고 있다. 이 도전을 해 내는 것이 우리의 숙명이다' 프로젝트를 계속하기로 한 결정은 결국 마쓰다의 성공적인 회전식 엔진인 사바나 RX-7의 탄생으로 이어진다.

기존의 경영 관점에서 보면, 기업의 '숙명'에 대한 야마모토의 주장은 기이하게 들린다. 그러나 지식창조회사의 맥락에서는 완전히 맞는 말이다. 야마모토는 스스로가 '타협할 수 없는 가치에 대한 전념'이라고 지칭한 기업의 근본적인 포부 및 중역이 표방한 기술적 리더십 전략에 호소했다. 그는 회전식 엔진 작업이 어떻게 조직의 비전에 대한 전념으로 작용하는지 증명했다. 프로젝트를 계속하는 것은 팀원의 비전과 조직에 대한 전념 역시 강화했다.

정당화를 위한 우산 콘셉트와 질적인 기준은 기업의 지식창조 활동에 방향을 제시하는 데 결정적인 역할을 한다. 그렇다 하더라도 기업의 비전이 조정 가능하고 다양하며 서로 불일치하는 해석도 수용 가능하다는 점을 강조할 필요가 있다. 얼핏 보기에 이것은 모순처럼 보인다. 비전이란 확실하고 일관성 있으며 명백해야 하지 않는가? 그러나 비전이 지나치게 명시적이면 명령이나 지시에 가까운 것이 된다. 명령은 효과적인 지식창조가 신뢰할 수 있는 높은 수준의 전념을 장려하지 못한다.

좀 덜 명시적인 비전은 직원과 업무팀에게 그들

만의 목표를 설정할 수 있는 자유와 자율성을 부여한다. 이 점은 중요한데 최고 경영진의 생각이 중요하지만 경영진의 이상만으로는 충분치 않기 때문이다. 최고 경영진이 할 수 있는 최선의 일은 모든 장애물을 제거하고 그룹이나 팀이 자기 조직을 이룰 수 있는 기반을 마련하는 것이다. 그다음은 팀이 경영진의 이상이 현실에서 무엇을 의미하는지 파악하는 데 달렸다. 그리하여 혼다의 '도박을 해보자' 같이 모호한 슬로건과 혼다 시티 제품 개발팀에 주어진 지나치게 개괄적인 임무가 정체감이 분명한 혁명적인 신제품으로 이어질 수 있었던 것이다.

팀은 지식창조 기업에서 중심적인 역할을 한다. 개인이 서로 소통할 수 있는 공유된 환경을 제공하며 효과적인 심사숙고가 결정되는 지속적인 대화에 관여하기 때문이다. 팀원은 대화와 토론을 통해 새로운 관점을 만든다.

그들은 정보를 모아 다양한 각도에서 검토한 후 여러 개인적 관점을 새로운 집단적 관점으로 통합한다. 이런 식의 대화는 확실히 상당한 갈등과 불일치를 수반할 수 있다. 그러나 직원이 기존의 전제에 질문을 던지고 자신의 경험을 새로운 방식으로 파악하게 하는 것이 바로 이런 갈등이다.

'의견이 맞지 않으면 다툼이 일어나고 직원들을 통합하기 어렵습니다.' 캐논의 첨단 기술부 과장 대리는 인정한다. '그렇지만 팀의 의견이 처음부터 완전히 똑같아도 좋은 결과를 내기는 어렵죠.'

팀의 리더로서 중간 관리자는 수평과 수직으로 이동하는 기업 내 정보 이동의 교차점에 있다. 그들은 경영진의 앞을 내다보는 이상과 사업의 일선에 존재하는 혼돈의 시장이란 현실 사이에서 다리 역할을 한다. 중간 관리자는 중간 단계의 사업과 제품 콘셉트를 만듦으로써 '무엇'과 '어떻게 해야 하는가' 사이를 중재한다.

그들은 기업의 비전에 맞춰 현실을 재창조한다. 그리하여 완전히 새로운 것을 시도하려는 혼다 최고 경영진의 결정은 히루 와타나베의 제품 개발팀의 '톨 보이'라는 제품 콘셉트로 구체화됐다. 캐논의 기업 포부인 '카메라 사업을 뛰어넘는 우수 기업 만들기'는 히로시 타나카 팀이 '쉬운 보수유지'의 제품 콘셉트를 개발하여 마침내 개인 복사기가 탄생함으로써 실현됐다. 마쓰시타의 '인간전자공학'이라는 큰 콘셉트는 중간 차원의 콘셉트인 '쉽게 잘 만들기'를 개발하여 자동 제빵기로 구체화한 이쿠코 타나카와 다른 이들의 노력을 통해 실현됐다.

각 사례에서, 중간 관리자는 일선 직원과 최고 경영진 모두의 암묵적 지식을 종합하여 명시적으로 만들고 신기술과 신제품으로 통합한다. 이런 점에서 관리자는 지식창조기업의 진정한 지식 엔지니어다.

idea
note

유엑스리뷰는 쉽게 팔리는 책보다 오래 읽히는 책을 지향합니다.
오래 두고 읽을 수 있는 책, 앞서 나가는 리더를 위한
통찰을 담은 책을 만들기 위해 노력하겠습니다.